My name is William Scriven and I am the author of
the chosen 45 poems. I was born in Liverpool in 1967
and have been writing poetry as a hobby since 1985.
I suffer with bipolar disorder and find writing a great
therapy.
I have had poetry published in the local press
(mostly in the „Liverpool Echo") and I write on a
variety of topics but favour poetry to do with mental
health.

Ich heiße William Scriven und ich bin der Autor der 45
ausgewählten Gedichte. Ich wurde 1967 in Liverpool
geboren und schreibe seit 1985 Gedichte als Hobby. Ich
leide an einer bipolaren Störung und empfinde Schreiben
als eine geeignete Therapie für mich.
Ich habe Gedichte in der Lokalpresse veröffentlicht
(meistens im „Liverpool Echo"), und ich schreibe über
verschiedene Themen, aber ich mag Gedichte über die
psychische Gesundheit des Menschen am liebsten.

William Scriven

Alfons Hansch (Ed./Hrsg.)

RUB ON ME

To Dad who said
„Follow your heart."

45 English Poems divided into 18 Subject Areas
translated from English parallel with German

---

45 Englische Gedichte gegliedert in
18 Themenbereiche parallel übersetzt in Deutsch

Bibliografische Information der Deutschen Nationalbibliothek: Die Deutsche Nationalbibliothek verzeichnet diese Publikation in der Deutschen Nationalbibliografie; detaillierte bibliografische Daten sind im Internet über dnb.dnb.de abrufbar.

Die automatisierte Analyse des Werkes, um daraus Informationen insbesondere über Muster, Trends und Korrelationen gemäß §44b UrhG („Text und Data Mining") zu gewinnen, ist untersagt.

© 2024 William Scriven & Alfons Hansch
Herstellung und Verlag: BoD – Books on Demand, Norderstedt

ISBN: 978-3-7597-0571-6

Content/Inhalt

The Route is the Goal
Der Weg ist das Ziel

Foreword by the Author

Welcome to my first book "RUB ON ME"!
I chose this title as I hope my poems may inspire you and uplift you and energise you.
It is only within the last 10 years that I have branched out to others through e-mail and now my friend Alfons Hansch in Germany is helping me fulfil my dream of having a published book.
I met Alfons when he was my German supply teacher in 1981 when I was doing 'O' level German. I eventually passed it with a grade B in 1983. I carried on to study German to 'A' level but only ended up with a grade D as I began to suffer with bipolar disorder.
I like to think that my illness is more under control now and Alfons has been and still is very understanding and supportive of my work.
We last met up with each other at Christmas 2015 when I was staying in Magdeburg in Germany. He showed me around and in a restaurant we talked about the idea of publishing a poetry book containing poems I have been writing over the years. So, here you are!

We hope you enjoy reading and maybe releasing some of your own creativity.

William Scriven, Spring 2024

Vorwort des Autors

Willkommen zu meinem ersten Gedichtband mit dem Titel „RUB ON ME"!
Ich habe diesen Titel gewählt, da ich hoffe, dass meine Gedichte Sie inspirieren mögen und Ihnen Freude bereiten werden.
Es ist erst 10 Jahre her, dass ich mich durch e-mails an die Öffentlichkeit wende; und nun hilft mir mein deutscher Freund Alfons Hansch, meinen Traum zu verwirklichen und meinen ersten Gedichtband herauszubringen.
Ich habe Alfons 1981 kennengelernt, als er an meiner Schule „Assistant Teacher" war und ich die mittlere Reife in Deutsch machte.
Schließlich bestand ich 1983 die Deutschprüfung mit der Note 2.
Ich studierte danach Deutsch für das Abitur, aber bestand Deutsch nur mit der Note 4, da ich anfing, an Bipolarer Störung zu leiden.
Ich glaube, dass ich meine Krankheit jetzt besser unter Kontrolle habe, und Alfons war und ist sehr verständnisvoll und unterstützt meine Arbeit.
Zuletzt sind wir uns Weihnachten 2015 in Magdeburg begegnet. Er zeigte mir einige Sehenswürdigkeiten und in einem Restaurant sprachen wir über die Idee, einen Gedichtband mit meinen über die Jahre geschriebenen Gedichten zu veröffentlichen. - Nun liegen sie vor Ihnen!

Wir wünschen Ihnen viel Spaß bei der Lektüre und hoffen, dass Sie ein wenig Ihre eigene Kreativität freisetzen können.

William Scriven, im Frühling 2024

ROYALTY

Our Beautiful Queen

A great grandmother, grandmother,
mother, loving wife:
Her life of perfect service and
a wonderful long life
A fantastic sense of humour and
exceptional British pride
A wonderful example of a friend and of a guide.
This is a time of sadness
but with fondness and worthwhile
The Queen's faith and love for people
was started with a smile
The Queen had time for everyone so with
honour and with care
Thank you Queen Elizabeth,
we thank you with a prayer.
Your life was guided by a sense of duty,
You made time with all worldwide
A family, a legacy, the Lord now at your side.

(Published in Liverpool Echo, September 17, 2022)

KÖNIGLICHES

Unsere wunderbare Königin

Eine Urgroßmutter, Großmutter, Mutter,
liebende Ehefrau:
Ihr Leben lang war sie im Dienst
und hatte ein wundervoll langes Leben.
Sie hatte einen fantastischen Sinn für Humor
und einen außergewöhnlichen Britischen Stolz.
Ein wunderbares Beispiel einer Freundin und Lenkerin.
Heute trauern wir
mit Zuneigung und Wertschätzung.
Mit einem Lächeln begann der Glaube und
die Liebe der Königin zu den Menschen.
Die Königin hatte für jeden Zeit,
und mit großer Ehrerbietung
sagen wir Danke, *Queen Elizabeth*!
Wir danken dir mit einem Gebet.
Dein Leben wurde bestimmt durch Pflichtbewusstsein,
du hast dir Zeit für alle auf der Welt genommen.
Eine Familie und ein Erbe; Gott ist nun an deiner Seite.

Coronation. A Global Joy

A regal orb and sceptre,
A throne and royal crown
His Majesty, Her Majesty
A day of world renown.
The crowning, pledge and promise
New head of England´s church
The Coronation Carriage
For most of us a first.

So Saturday the sixth of May
of Twenty twenty three
Be a poignant piece of history
And a joy for you and me.
A day of peace and love and hope
All nations joined together
And may our Monarchs reigns be true,
a legacy forever.

(written 2023)

Die Krönungsfeier. Ein globaler Freudentag

Ein Reichsapfel und ein Zepter,
ein Thron und eine königliche Krone.
Seine Majestät, Ihre Majestät,
ein Tag mit Weltbedeutung.
Die Krönung, Gelöbnis und Versprechen,
ein neues Oberhaupt der englischen Kirche.
Die Krönungskutsche -
für die meisten von uns eine Premiere.

Samstag, der sechste Mai zweittausenddreiundzwanzig,
ein ergreifender Tag in der Geschichte.
Eine Freude für jedermann.
Ein Tag des Friedens, der Zuneigung und Hoffnung,
der alle Länder zusammenbringt.
Mögen die Regierungszeiten unserer
Monarchen aufrichtig sein
und ein Vermächtnis für immer bleiben.

FAMILY

The Calm Waters of a Beautiful Love

A meal in a fine restaurant,
A concert or a play,
Just cuddling up and being content,
A satisfying day.
Then next day, breakfast, kids to school,
A quick look at the clock
And meeting up with friends for lunch,
A suit, a pretty frock.
Free from stress and telephones,
The hard line buy and sell,
Then back again to face the grind,
The entrance into hell.
A round of paychecks, weekly shops,
Collecting kids from school
Then football practice, dancing class,
The Dad´s turn, as a rule
And making sure that homework´s done,
Kids bathed and put to bed,
Then grown up´s time, TV, a book
Before they rest their heads.

(Published in Liverpool Echo, September 9, 2021)

FAMILIE

Die Geborgenheit einer elterlichen Liebe

Ein Essen in einem feinen Restaurant,
ein Konzert oder ein Theaterstück,
einfach geborgen und zufrieden sein.
Ein gelungener, zufriedenstellender Tag.
Am nächsten Tag Frühstück, die Kinder in der Schule,
ein schneller Blick auf die Uhr,
Treffen mit Freunden zum Mittagessen.
Ein Anzug, eine hübsche „Kutte",
ohne Stress und Telefone.
Geschäftsleute kaufen und verkaufen,
eine endlose Plackerei -
der Eingang zur Hölle.
Gehaltsschecks und wöchentliche Einkäufe,
und die Kinder von der Schule abholen.
Dann Fußballtraining, Tanzklasse;
das ist traditionell Vaters Aufgabe.
Aufpassen, dass die Hausaufgaben erledigt werden,
Kinder baden und ins Bett bringen.
Endlich Erwachsenenzeit mit TV oder einem Buch,
bis sie sich selber schlafen legen.

Chemo Battle Won

Twelve weeks of gruelling chemo
My sister Maria fought through
She said this is not going to beat me
I've got my whole life to live still
She faces each day with great courage
With her great husband Ken at her side
With care and great love he supports her
Still her bridegroom and she beautiful bride
Thirty eight years they've been married
Five children, four boys and a girl
And five brilliant grandkids have followed
For them she still fights, they're her world
Maria, you have shown strength, great courage
As your brother we've not always been close
But I hope love will conquer our difference
`Cos as kids we loved each other the most
So now that you've finished your chemo
Rang the bell, showed us all your fab smile
May the radiotherapy to follow
Be successful and truly worthwhile.

Eine überstandene Chemotherapie

Zwölf Wochen lang hat meine Schwester eine
zermürbende Chemo durchlitten.
Sie war überzeugt: Das schaffe ich!
Ich habe noch mein ganzes Leben vor mir.
Sie erduldete jeden Tag mit großem Mut,
mit ihrem großartigen Ehemann Ken an ihrer Seite.
Er unterstützt sie mit Fürsorge und unendlicher Liebe.
Immer noch ihr Bräutigam und sie die schöne Braut.
Sie sind nun 38 Jahre verheiratet,
sie haben fünf Kinder, vier Jungen und ein Mädchen,
dazu noch fünf großartige Enkel.
Für sie alle kämpft sie, denn sie sind ihre Welt.
Maria, du hast Stärke gezeigt und großen Mut.
Als dein Bruder haben wir uns oft nicht verstanden,
aber ich hoffe, dass die Liebe unsere Unterschiede
überwinden kann,
denn als Kinder waren wir sehr eng miteinander.
Da du jetzt die Chemo beendet hast
und du uns dein schönstes Lächeln gezeigt hast,
möge die kommende Strahlentherapie
erfolgreich und wirklich effektiv sein.

A sister, a wife and a mother
A nanna, much more than a friend
You are about to soon start a new chapter
All our love to you, love without end.
I love you Maria from Will x

(Published in Liverpool Echo, July 15, 2023)

Als eine Schwester, eine Ehefrau und Mutter,
ein Kindermädchen, mehr als ein Freund,
wirst du bald ein neues Kapitel aufschlagen.
All unsere aufrichtige, endlose Liebe.
Ich liebe dich, Maria, dein William x*

*"x" hinter einem Namen bedeutet „Kuss"

Trust and Love

Bertie held his mother's hand
and safely crossed the street;
His father, on the other side
gave him sweeties as a treat.
For Bertie always tried his best
and rarely did complain:
He faced each day with confidence,
be it sunshine, be it rain
And Bertie grew to be a man,
a young man fine and strong
And people, they would come to him
and talk to him quite long.
For Bertie had great patience,
had an aura of great calm:
He emanated peace and joy,
never causing any harm.
And many people they would say to him,
they really loved his smile:
They said that they felt confident
he'd make their day worthwhile.

Liebe und Vertrauen

Bertie hielt die Hand seiner Mutter fest
und überquerte sicher die Straße.
Sein Vater gab ihm Süßigkeiten
als Belohnung auf der anderen Straßenseite.
Bertie versuchte, immer sein Bestes zu geben,
und selten beschwerte er sich:
Er begrüßte jeden Tag mit Zuversicht,
bei Sonne und bei Regen, tagein, tagaus.
Bertie wuchs heran, er war ein angenehmer
und willensstarker Mann,
Leute kamen auf ihn zu
und sprachen gern mit ihm.
Denn Bertie hatte eine Engelsgeduld
und strahlte eine Aura großer Ruhe aus:
Er strahlte Frieden und Freude aus,
der niemals Ärger verursachte.
Die Menschen sagten ihm,
dass sie sein Lächeln liebten:
Sie fühlten sich durch ihn bestärkt und
er machte ihren Tag angenehm.

And one day one man asked him
why he always felt great joy
When he was finding life so tough
since being a little boy:
He was jealous of his sister
and felt hatred for his dad
And all their empty promises
made him feel really bad,
He confided this to Bertie
saying what was it should he do,
As he wanted peace back in his life
before his demons grew
And Bertie said „Bring your troubles to the Lord
and the greatest way to start is to ask
the Lord to fill your mind with love,
also fill your heart
As no prayer goes unanswered
if you put your faith in The One
Who died for you, rose from the dead,
the Lord and Mighty One."
The man left with a heavy heart
but a week later came back
And said to Bertie „Thank you, friend,
my life is back on track,
I prayed, the Lord answered me,

Eines Tages fragte ihn ein Mann,
warum er immer optimistisch sei,
wenn er doch als Junge sein
Leben als schwer angesehen hätte. -
Er war eifersüchtig auf seine Schwester
und hasste seinen Vater.
All ihre leeren Versprechungen
machten ihn tief traurig.
All das vertraute er Bertie an
und fragte, was er tun solle.
da er seinen Frieden zurückhaben wollte,
bevor seine Dämonen im Kopf wachsen würden.
Bertie antwortete: „Gehe mit deinen Sorgen zu Gott,
der beste Weg ist, Gott zu fragen, deinen Geist
und dein Herz mit Liebe zu erfüllen.
Kein Gebet bleibt unerhört,
wenn du fest an Gott glaubst.
Er starb für uns und ist
von den Toten auferstanden;
Gott, der Allmächtige.
Er verließ ihn schweren Herzens,
kam aber nach einer Woche zurück
und sagte zu Bertie: „Danke, mein Freund,
mein Leben ist wieder in der Spur.
Ich habe gebetet und Gott antwortete mir,

God has given me direction
I´ve learnt how to forget the past
and deal with my rejection
And all hatred has now disappeared
through the vision of a boy
Who held on to the hand of Mum
to greet his Dad with joy."

(Published in Liverpool Echo, September 4, 2021)

Er hat mir die Richtung gewiesen.
Ich habe gelernt, die Vergangenheit zu vergessen
und mit meiner Ablehnung umzugehen."
Der ganze Hass ist nun verschwunden
durch die Sicht eines kleinen Jungen,
der die Hand seiner Mutter festhielt
und seinem Vater mit Freude begegnete.

NATURE

The Vibrant Music of a Spring Morning

The humming of the morning dew,
The bird catching the worm,
The splendour of an apple tree,
The flowers in full bloom,
The farmers welcoming new lambs,
A joyful love so sweet,
The swans gliding across the ponds,
A fast advancing fleet,
Rare birds arrive from foreign lands,
Beware the hungry fox,
The lengthening of the days again,
The forwarding of clocks,
The hedgehogs, butterflies and frogs,
With happiness we sing:
How blessed we are amongst new life,
When winter turns to spring.

(Published in Liverpool Echo, April 2, 2022)

NATUR

Die Beschwingtheit eines Frühlingsmorgens

Die Frische des Morgentaus,
der Vogel, der den Wurm fängt,
die Pracht eines Apfelbaums,
die Blumen in voller Blüte,
Bauern freuen sich über kleine Lämmer.
Es herrscht pure Lebensfreude,
die Schwäne gleiten über den Teich,
eine schnell dahinziehende „Flotte",
exotische Vögel aus fernen Ländern.
Vorsicht vor dem hungrigen Fuchs!
Die Tage werden wieder länger,
die Uhren werden vorgestellt,
Igel, Schmetterlinge und Frösche,
und mit großer Freude singen wir:
Wie gesegnet sind wir mit neuem Leben,
wenn der Winter dem Frühling weicht.

Harvest Time

Harvest time, the Autumn,
When the leaves are golden brown.
Gathering in the produce
Ripe from seeds which had been sown.
Topping up the haystacks,
Getting ready for the cold –
When cows and pigs and horses
To their cosy stalls must go.
Getting up in darkness
Feeling cold and all alone,
Sweeping up the leaves
Before the main jobs must be done.
Coming home with chill-blains,
Freezing fog starts to appear
Whilst farmer sits and ponders
Knowing Winter`s coming near.

(Published in Weekly News, November 10, 2016)

Erntezeit

Erntezeit im Herbst,
wenn die Blätter gold-braun werden.
Die Ernte mit den reifen Früchten,
die gesät wurden, wird eingefahren.
Die Heuschober werden aufgefüllt,
und alles wird winterfest gemacht –
Kühe, Schweine und Pferde
werden in ihre warmen Ställe gebracht.
In der Dunkelheit aufstehen,
sich kalt und allein fühlen.
Das Laub wird aufgefegt,
bevor die wichtigen Arbeiten anstehen.
Durchgefroren kommt man nach Hause,
wenn gefrierender Nebel aufzieht.
Während der Bauer dasitzt und grübelt,
weiß er, dass der Winter vor der Tür steht.

Welcoming Autumn

A sudden plunge in the temperature:
Less sunshine, more rain
Meaning heavier clothing and coats.
In Britain we notice it throughout every part
From Land's End up to John o' Groats.

We change salad for stews, ice cream for hot puds
And we turn on our fires if we can -
We start planning for Chrismas,
HEAVEN FORBID,
Pick late berries to make pots of jam.

And as days get shorter as we put back the clocks
And we see the leaves turning to gold,
We welcome in autumn, new season again
And watch all its changes unfold.

(Published in Liverpool Echo, October 7, 2021)

Playing „Conkers" / Kastanienspiel in GB

Herbstanfang

Ein plötzlicher Temperatursturz.
Weniger Sonne, mehr Regen,
das bedeutet wärmere Kleidung.
In Großbritannien bemerken wir das überall:
Von *Land's End* bis *John o' Groats**

Statt Salate, essen wir Eintöpfe und heiße Puddings statt
Eiscreme.
Wenn wir können, drehen wir die Heizung auf.
Die Planungen für Weihnachten beginnen.
HIMMEL BEWAHRE!
Wir sammeln spät gereifte Beeren, um Marmelade
einzukochen.

Die Tage werden kürzer, wir stellen die Uhren zurück.
Wir sehen, wie sich die Blätter golden färben,
dann begrüßen wir die neue Herbstsaison
und sehen die Veränderungen in seiner ganzen Pracht.

*Südlichste (Land's E.) und nördlichste (J. o' Groats) Region in
Großbritannien

Halfway to Heaven

The lighter nights at last have come,
Replacing Winter's chill;
New life and flowers in bloom again
Snowdrops and daffodils.
A happy time for all good friends
With so much now to do
From holidays to forest walks
To rid those Winter blues –
And simple things like holding bugs;
Ladybirds on one's fingers
And seeing dragonflies in flight
Not knowing how long they'll linger
All happy memories flooding back
As we whistle, sing a song
And venturing further,
Finding new paths
Just like we did when young.

(Published in Liverpool Echo, March 16, 2024)

Frühlingsanfang

Die hellen Nächte sind endlich da!
Die Kälte des Winters ist gewichen.
Neues Leben erwacht, die Blumen blühen wieder,
Schneeglöckchen und Narzissen.
Für alle Menschen eine herrliche Zeit,
mit zahlreichen Aktivitäten.
Vom Urlaub bis zum Waldspaziergang
gegen den Winterblues. –
Einfache Dinge wie Käfer auf der Hand,
Marienkäfer auf dem Finger spüren,
und die Libellen im Flug beobachten
ohne zu wissen, wie lange sie verweilen werden.
Alle schönen Erinnerungen kommen zurück,
wenn wir pfeifen oder ein Lied singen.
Alles beginnt von vorn,
wenn wir neue Wege suchen.
So wie damals, als wir jung waren.

Xmas

A Gift for Santa

All good boys and girls make sure
they´re fast asleep,
A stocking at the foot of beds and
morning present heaps,
But doesn´t Santa get fed up of sherry
and mince pies?
And don´t the reindeers feel the same
when hurtling through the skies?
My parents in the olden days
would carefully mark the days,
Approaching Santa with requests
in every kind of way
And Santa in his patient way
would just reply with ease,
Make sure you leave the fire off,
put up the Christmas Trees.
And if you feel like helping out
then ask one of my elves,
and they will give a spare green suit
for you to help yourself,
„But what about a gift for you,
you work so very hard?"

WEIHNACHTEN

Ein Geschenk für den Weihnachtsmann

Alle braven Jungen und Mädchen
schlafen fest ein.
Ein Socken hängt am Bettende,
denn morgen gibt's haufenweise Geschenke.
Hat der Weihnachtsmann nicht bald genug
von Sherry und Weihnachtsgebäck?
Und geht es den Renntieren nicht ebenso,
wenn sie durch die Lüfte sausen?
In der damaligen Zeit
haben sich meine Eltern die Tage angekreuzt
und sich mit allen Kinderwünschen
an Santa gewandt.
Der Weihnachtsmann in seiner geduldigen Art
antwortete mit Leichtigkeit:
Achten Sie darauf, das Feuer auszulassen,
und stellen Sie den Weihnachtsbaum auf.
Wenn Sie Lust haben mitzuhelfen,
fragen Sie eine meiner Elfen:
Sie werden Ihnen ein grünes Kostüm anziehen,
damit Sie selbst ihre Kinder überraschen können. -
Aber wie wär's mit einem Geschenk für Santa,
du arbeitest so fleißig?

Say Mum and Dad to Santa Claus
above the Christmas Cards
And Santa in his humble way would say
„just keep your chimmeys free"
So I can drop your presents down
under your Christmas Tree.
Remember that I never tire
of sherry and mince pies
I always need for energy
as I zoom across the sky."

(Published in Liverpool Echo, November 27, 2021)

Santa, what happened?/Weihnachtsmann, was ist passiert?

Das sagen meine Eltern zum Weihnachtsmann
und schauen über die Weihnachtskarten.
Santa, in seiner bescheidenen Art, sagt:
„Haltet einfach eure Schornsteine frei,
dann kann ich eure Geschenke
unter den Christbaum werfen.
Und denken Sie daran, dass ich nie die Lust auf
Sherry und Weihnachtsgebäck verliere.
Das brauche ich als Energie,
während ich durch die Lüfte sause.

Train Blast on the Railway

In the distance I heard the train,
Laden and full of goodies for Christmas.
It was a slow train, stopping at every stop:
Porters busy unloading Christmas Fayre
And passengers milling around the stations
Like soldier ants, ready to pounce and attack.
The lovely surprises and smells
coming from the chests and barrels
And the one lonely carriage packed with
artificial Christmas Trees.
With baubles and tinsel and
Fairies and multi size cribs
On their journeys to be picked up by postal vans
With online orders sadly replacing high street shops
More and more noticeable each and every year.
We who are so fortunate, food in our stomachs
A bed to sleep in whilst many
have no bed many have no roof.
As a family we leave a candle in the window
As a point of refuge for the traveller
With the promise of food, a bed and company
Free of charge and a friendly welcome
Because who knows where our futures lie.

Der Weihnachtszug

Aus der Ferne hörte ich den Zug,
vollgepackt mit Geschenken zu Weihnachten.
Es war ein Bummelzug, der an jeder Haltestelle hielt:
Fleißige Gepäckträger luden Weihnachtsgeschenke aus,
Fahrgäste warteten zuhauf an den Bahnsteigen.
Wie Ameisen, bereit zum Sprung und Angriff.
Die wunderschönen Überraschungen und Gerüche,
die aus Kästen und Fässern drangen
und dann der eine einsame Wagen, der mit
künstlichen Weihnachtsbäumen beladen war.
Mit Kugeln, Lametta, Feenfiguren
und verschieden großen Weihnachtskrippen;
alles auf dem Weg, um von den Postwagen aufgenommen
zu werden.
Heute sind es eher Online-Bestellungen, die die
Läden in den Einkaufsstraßen verdrängen,
und Jahr für Jahr werden es weniger Läden.
Wir können uns glücklich schätzen,
genug zu essen und ein Bett zum Schlafen zu haben,
während viele kein Bett und kein Dach
über dem Kopf haben.
Unsere Familie stellt immer eine Kerze ins Fenster,
als Symbol eines kostenlosen Zufluchtsorts für den
Wanderer verbunden mit einem herzlichen Willkommen!
Denn wer weiß schon, wo u n s e r e Zukunft liegt?

We can only pray for goodness and love
And peace and joy to all men, women
and children on Earth
A beacon shining bright for everyone.

(Published in Liverpool Echo, December 3, 2022)

Wir können nur für Barmherzigkeit und Liebe beten,
für Frieden und Freude für
alle Menschen auf der Erde.
Ein Leuchtfeuer, das für alle hell erstrahlt.

Merry Christmas 2020 and New Purpose for 2021

Britain has foundation
And has shown it through its hope;
To bring true joy to everyone
And to help its Queendom cope.

The Bad Press and publicity
Makes lives so very hard
The politicians want what's best
But what they say gets jarred

As those in the majority
Want peace, to keep the rules,
To give our nation's freedom
And to silence the few fools

Because this virus is a threat
Both for women and for men
And for children, Britain's future
Who will make us great again.

So sisters, brothers, bond with love
And stand by with conviction
And we will rise and win this war,
Yes, this is my prediction.

(Published in Liverpool Echo, December 18, 2020)

Frohe Weihnachachten 2020 und neue Ziele für 2021

Großbritannien hat ein festes Fundament
und dies zeigt sich,
indem es sich um alle Menschen kümmert,
um das Königreich am Laufen zu halten.

Die hetzerische Presse und die Öffentlichkeit
machen das Leben der Menschen schwer.
Die Politiker wollen das Beste,
aber das, was sie sagen, ist unstimmig.

Die Regierungspartei möchte
Frieden wahren und die Gesetze achten,
um unsere Nation in Frieden leben zu lassen
und die Dummköpfe und Hetzer mundtot zu machen.

Denn sie sind eine Bedrohung, ein Virus,
für Frauen, für Männer und für K i n d e r,
die Großbritanniens Zukunft darstellen,
und die unser Ansehen in der Welt stärken sollen.

Also, Schwestern und Brüder, verbündet euch
und steht mit Überzeugung zusammen,
wir werden uns erheben und alle Konflikte lösen.
Jawohl, das sage ich voraus.

Covid 19

Spiritual Fractionometry

Spiritual fractionometry
An open heart joins an open soul
And spreads across the sky:
It leaves behind a legacy
And brings tomorrow nigh:
The morning singing of the birds,
Their harmonies pure joy:
A perfect gift for everyone,
Yes, every girl and boy –
So in these disconcerting times
When everything seems blue,
Remember, bang a pan or drum
To show there's love in you.

(Published in Weekly News, April 23, 2020)

COVID 19

Geistige Achterbahnfahrt

Geistige Achterbahnfahrt.
Ein offenes Herz verbindet sich mit einer offenen Seele
und breitet sich über den Himmel aus.
Es hinterlässt ein Vermächtnis
und lässt auf den kommenden Morgen hoffen:
Ein Morgen voller Vogelgezwitscher,
mit Harmonie und purer Freude,
ein perfektes Geschenk für alle.
Ja, für alle Mädchen und Jungen.
In diesen unruhigen Zeiten,
in denen alles im Argen zu liegen scheint,
schlag einfach auf eine Pfanne oder auf eine Trommel*
und zeige deine Anteilnahme.

*gemeint ist die Aufforderung der Regierung, während der Pandemie
Musik zu machen, um gute Laune zu verbreiten
(in vielen europäischen Ländern wurde „Balkonmusik" gemacht)

STORYTELLING

The Fool and the Magician

I captivated everybody at the court of the king.
I did a few tumbles and my juggling was better
than it had ever been.
But I had to remember, I was the jester,
I was the fool.
I had to make myself look stupid and truly, yes,
this was the only way I knew how to entertain.
My soul was unhappy but I danced and sang
as if I was the happiest man on earth,
Blessed with a humour
that betrayed a broken heart,
Crying out for love as each bell on my hat
jangled for attention.
And that is why I envied the magician.
I made my audience laugh,
He made his audience gasp in wonder
At his effortless skill
But as a fool I had to face the mockery,
The humiliation of those ever critical spectators
Who soon forgot as I left the floor
And magic took centre stage.
Comparisons can give one hope
or leave a person in utter despair.

Geschichten erzählen

Der Narr und der Zauberer

Ich habe alle am Hofe des Königs verzückt.
Ich habe ein paar Purzelbäume geschlagen,
und meine Jonglage war besser als je zuvor.
Aber mir war klar: ich war ein Narr, ein Possenreißer.
Ich musste mich zum Narren machen,
das war die einzige Möglichkeit die ich hatte,
um andere zu unterhalten.
Mein Inneres war traurig, aber ich tanzte und sang,
als ob ich der glücklichste Mensch der Welt wäre;
ausgestattet mit einem Humor,
hinter dem ein gebrochenes Herz verborgen war.
Ein Schrei nach Liebe, bei dem jede Schelle
an meiner Narrenkappe nach Aufmerksamkeit schrie. -
Darum beneidete ich den Zauberer.
Ich brachte mein Publikum zum Lachen,
er aber zog seine Zuhörer
mit Leichtigkeit in seinen Bann.
Als Narr aber war ich dem Spott preisgegeben,
der Erniedrigung durch stets kritische Zuschauer,
die mich nach Verlassen der Bühne bald vergessen hatten.
Der Zauberer dagegen stand im Mittelpunkt.
Es kann ermutigend sein, sich mit anderen zu vergleichen
oder kann dich in pure Verzweiflung stürzen.

Acceptance brings with it respect.
When the magician takes centre stage
Applause fills the court
But I leave the floor with a jangle of bells –
Once a fool, always a fool,
A plaything for the idle rich.
The king may decide our fates but without
support becomes a fool himself
So that not even the magician can weave a spell
to break the pinions that bind us all together
So that our dreams can live on and get stronger
with the passing of each day.

(Published in Liverpool Echo, May 25, 2018)

Akzeptanz bedeutet Respekt.
Wenn der Zauberer im Mittelpunkt steht,
schwillt der Applaus auf der Bühne an;
ich aber verlasse die Bühne mit Glockengeläut. -
Einmal ein Narr, immer ein Narr,
ein Spielball für die reichen Müßiggänger.
Der König kann über unser Schicksal entscheiden,
aber ohne Hilfe wird er selber zum Narren.
So, dass noch nicht einmal der Zauberer einen
Zauberspruch erfinden kann,
der die Fesseln zu sprengen vermag, die uns alle binden.
Unsere Träume sollen weiterleben
und mit jedem neuen Tag stärker werden.

The Fairies' Magic Garden

Graeme the greedy goblin
Has plum trees and a maze,
The insects always swarming
On the sweltering summer days
And the warlock they call Wilbur
Has all his gnomes on show,
Whilst the pumpkin grower Peter
Has them planted in a row.
So, for breakfast and for dinner
And a hearty fruity tea
Mean our fairies won´t go hungry,
You can safely guarantee.

(Published in Liverpool Echo, January 21, 2023)

Der Zaubergarten der Feen

Graeme, der gierige Zwerg,
besitzt Pflaumenbäume und ein Labyrinth.
Dauernd schwärmen die Insekten
an den schwülen Sommertagen.
Der Hexenmeister, den sie *Wilbur* nennen,
hat alle seine Zwerge in Position gestellt.
Der Kürbiszüchter Peter, derweil, hat
seine Kürbisse akkurat in einer Reihe gepflanzt.
Zum Frühstück und zum Abendessen
gibt es einen herzhaften Früchtetee,
so dass unsere Feen nicht darben müssen,
ist doch klar!

Too much Food and not enough Love

Joey lived in a great big house with no brothers,
no sisters, no friends.
His Dad was too busy, his mum daft and dizzy,
Unable, unwilling to give the basic requirement
that parents should give,
Their time and their space and their love.

So Joey never knowing himself how to love
Used to text down from his room his requests
From a car to a plane, return tickets to Spain
For excitement a bullet proof vest.

His concept of living was take, take, take, take:
He hadn't a clue how to give
He was coddled and spoiled,
became easily embroiled
In a world which the rest couldn't give.

Once he'd gobbled his breakfast,
he'd shout „When's my lunch,
It had better be something I like
And bring it to my room, I refuse to consume
With you working class minions and tykes."

Im goldenen Käfig

Joey lebte in einem prächtigen und großen Haus
ohne Geschwister und ohne Freunde.
Sein Vater war zu beschäftigt, seine Mutter war töricht
und dumm.
Sie waren unfähig und unwillig, die grundlegenden
Anforderungen bereitzustellen, die Eltern geben sollten:
Zeit, Freiraum und Liebe.

So lernte Joey nie, andere zu lieben.
Er sandte seine Anforderungen aus seinem Zimmer:
Vom Auto über ein Flugzeug, bis zu Rückreise-Ticktets
nach Spanien
und, zur Aufregung aller, eine kugelsichere Weste.

Sein Lebensmotto hieß: nehmen, nehmen, nehmen,
nehmen! Er hatte keine Ahnung, wie man anderen etwas
gab. Er war verhätschelt und verwöhnt und
wandelte in einer Welt,
die dem Rest nicht zugänglich war.

Als er einmal sein Frühstück verschlungen hatte,
rief er: „Wann gibt's Mittagessen? Es sollte etwas sein,
dass ich mag, und bringt es hinauf in mein Zimmer.
Ich weigere mich, mit Untergebenen und Kindern
aus der Arbeiterklasse zu speisen."

Joey was rude and yes, Joey was brash
So the cooks they decided to strike
Joey´s texts and requests were no longer being met
So he had to go out on his bike.

And he soon learnt to be patient
and calm and be kind
Discovering soon to be liked.
With a small bit of effort and manners now learned.

Showing the world soon how truly he´d changed
He gained others love and he gained their respect
Even helping his parents arrange
A more calming quieter life

So look out for your family but strangers as well
Because that´s the way we are all called to live
To get up every day and be modest and pray
And to live as a people who give.

(Published in Liverpool Echo, April 15, 2023)

Joey war unhöflich und frech,
und eines Tages streikten die Köche.
Joeys Anfragen wurden nicht mehr erfüllt,
also musste er raus und mit seinem Fahrrad losfahren.

Bald lernte er, geduldig, ruhig und freundlich zu sein.
Er merkte nach einer Weile, dass er gemocht wurde,
nur durch ein wenig Mühe und
Manieren, die er gelernt hatte.

Bald zeigte er der Welt, wie stark er sich verändert hatte.
Er gewann die Liebe und den Respekt anderer Menschen,
er half sogar seinen Eltern,
ein ruhigeres Leben zu führen.

Achte auf deine Familie und auf fremde Menschen,
denn so sollen wir alle leben.
Jeden Tag aufstehen, bescheiden sein, beten und
als teilende Menschen leben.

WAR

Coming Home to Mother

As the young man leaves the battlefield,
A survivor amongst others,
He pauses to remember comrades lost.
They too had hopes and dreams of peace:
And most of them not more than boys,
Because of greed and hatred paid the cost.
A tear forms in the young man´s eye,
He looks around, he´s not alone,
His agonies and theirs won´t go away.
The fight may well be settled now
But what will heal their shattered minds?
They know it´s just pure luck they´re here today.
Their families, with heartfeld thanks
Will praise the Lord that they´ve been saved
And beg their boys, „don´t go to war again!"
But many lads through stubborness
And characters now set in stone
Will turn and say, „it´s war that made us men!"
But who will hear a mother´s cries
When heroes gone return no more,

KRIEG

Rückkehr zur Mutter

Als der junge Mann das Schlachtfeld verlässt,
als ein Überlebender unter anderen, hält er inne,
um sich der gefallenen Kameraden zu erinnern.
Auch sie hatten Hoffnungen und Träume auf Frieden:
Die meisten von ihnen waren noch Jungen,
sie zahlten für Gier und Hass.
Es bildet sich eine Träne im Auge des jungen Mannes,
er schaut sich um, er ist nicht allein.
Seine und ihre Qualen verschwinden nicht.
Der Kampf mag nun zu Ende sein,
aber w a s soll ihren zerrütteten Geist gesund machen?
Sie wissen, dass es purer Zufall ist, heute hier zu stehen.
Ihre Familien preisen den Herrn mit inniger Dankbarkeit,
dass sie verschont geblieben sind.
Sie bitten ihre Söhne: „Zieht nicht wieder in den Krieg!"
Durch ihren sturen und hartnäckigen Charakter aber
werden sie sich aber umdrehen und sagen:
„Der Krieg hat Männer aus uns gemacht!"
Wer hört schon das Weinen einer Mutter,
wenn ihre gefallenen Helden nicht mehr zurückkehren.

What answer can a dead man give another?
We can only hope and pray
Our boys will live to see the day,
The joy of coming home to greet their mother.
So, as a tribute to these men,
Prepared to die for king and land
In order that their loved ones can live on.
Remember, it may seem in vain,
To go and fight a war again
But each will always be a mother´s son.

(Published in Weekly News, May 31, 2018)

Welche Antwort kann ein Toter einem anderen geben?
Wir können nur hoffen und beten, dass
unsere Söhne am Leben bleiben und den Tag erleben,
an dem sie gesund nach Hause kommen
und ihre Mütter sie in die Arme schließen.
Eine Hommage an diese Männer,
die bereit waren, für König und Vaterland zu sterben,
so dass ihre Lieben weiterleben können.
Denkt daran: Es mag vergeblich sein, in einem Krieg
zu kämpfen, aber jeder einzelne Soldat ist ein Sohn einer
Mutter.

DRUGS

Thriving after Addiction

No longer reaching out for that ciggy
Or roll up or cigarette stump
A body that's now toned and healthy
A mind no more down in the dumps
Creative and proud with my output
A day no more wasted alone
True friends who encourage, support me
No longer me always dialling the phone.
A purpose, a meaning, a focus
To tackle a problem head on
Is now every day what I live for
A productive life second to none.
So believe in your heart you can do it
It takes courage, determined belief
That you're never alone with your troubles
Just speak out, be a leader, beat grief.

DROGEN

Aufblühen nach der Sucht

Nie mehr nach dem Glimmstängel
oder einem Zigarettenstummel greifen.
Ein Körper, der jetzt straff und gesund ist,
und keine Niedergeschlagenheit mehr zeigt.
Ich bin kreativ und stolz auf mein Ergebnis
und vergeude keinen Tag mehr allein.
Wahre Freunde, die mich ermutigen und unterstützen. -
Nicht mehr ewig am Telefon hängen.
Ein Ziel, einen Sinn und einen Fokus haben,
ein Problem mit erhobenem Haupt angehen:
Dafür lebe ich ab jetzt jeden Tag!
Ich möchte ein produktives Leben führen. -
Glaube ganz fest daran, dass du es schaffen kannst!
Es braucht Mut und einen festen Glauben,
mit deinen Sorgen nie mehr allein zu sein.
Sprich es aus, sei stark, und besiege deinen Schmerz.

Every day on the earth is a bonus
So enjoy every day if you can
And be ready for when the Lord calls you
As that is the journey of man.
So remember I once was a prisoner
And set in my unhealthy ways
Until the Lord shone his Light on me
And showed me His Path and His Way
Addiction, it almost destroyed me.

Until I yelled out I CAN'T COPE
Then God in His Mercy just held me
And turned my despair into hope.
Forgive me if these words sound like preaching
They are not meant to sound that at all
It's just so many prayers have been answered
When I call on the Lord I walk tall.

(Published in Liverpool Echo, June 24, 2023)

Denn jeder Tag auf Erden ist eine Zugabe!
Genieße jeden Tag, wenn du kannst,
und sei bereit, wenn dich Gott ruft.
Genau das ist das Schicksal des Menschen.
Denke daran, früher war ich ein Gefangener meiner
selbst,
in meinen schlechten Angewohnheiten verhaftet,
bis Gott sein Licht auf mich geworfen hat.
Er hat mir Wege und Pfade gewiesen,
denn meine Sucht hätte mich beinahe zerstört.

Bis ich laut aufschrie: „ICH KANN NICHT MEHR!"
Da hat mich Gott in seiner Güte aufgefangen
und meine Verzweiflung in Hoffnung umgewandelt.
Verzeiht mir, wenn meine Worte pathetisch klingen,
das sollen sie wirklich nicht!
Es sind doch schon so viele Gebete gehört worden,
dass ich nun aufrecht gehe, wenn ich den Herrn anrufe.

POLLUTION

Our Changing Planet

Seven continents, seven billion souls:*
Plastic filling our oceans,
Killing Sealife,
Untreated sewage pouring into our rivers
Causing disease and death.
What are we doing?
Why are we destroying our Earth?
Green fields destroyed by chemicals,
Mindless deforestation parching our land,
Temperatures soaring, seasons all back to front,
Ice caps melting and wildlife dying out.
We must stop! We must think!
We must unite our governments
To stop the greed, the hatred, the wars
To make the Earth safe again
And a joy for every generation
With unified planning and peace.
We have to change our mindset for the good
And we have to start it from now.

(Published in Liverpool Echo, September 30, 2023)

*In mid-November 2022, there were already 8 billion people living on Earth

UMWELTVERSCHMUTZUNG

Unsere Erde im Wandel

Sieben Kontinente, sieben Milliarden Menschen:*
Plastik erstickt unsere Weltmeere
und tötet alles Leben im Meer.
Ungeklärte Abwässer werden in unsere Flüsse gekippt,
die Krankheiten und Tod verursachen.
Was ist nur los mit uns?
Warum nur zerstören wir unseren Planeten?
Grüne Felder werden durch Chemikalien zerstört,
das unbekümmerte Abholzen der Wälder macht unsere
Böden unfruchtbar.
Wir erleben steigende Temperaturen, wir haben keine
echten Jahreszeiten mehr.
Eisberge schmelzen, und die Tierwelt stirbt aus.
Wir müssen dem Einhalt gebieten und nachdenken!
Wir müssen unsere Regierungen koordinieren,
um die Gier, den Hass und die Kriege zu stoppen.
Wir müssen die Erde wieder lebenswert machen,
damit jede folgende Generation gut leben kann.
Wir brauchen einem festen Willen zum Frieden.
Wir müssen unsere Denkweise zum Guten ändern.
Wir müssen j e t z t damit beginnen.

*Mitte November 2022 lebten bereits acht Milliarden Menschen auf
der Erde

LOCAL HISTORY

The Billowing of Vesuvius

Nine forty five a.m. on a Sunday morning;
Church sermons interrupted
Non religious trying to enjoy
a much needed lie in bed
A deafening noise like thunder
As four of the Eight towers of
Fiddlers Ferry Power Station
Went tumbling, cascading to the ground
Captured on Social Media forever,
A part of the North West's history
Now in the schoolbooks of our
next generation of students
A gargantuan feat of the power
of masterful demolition
With dynamite and a bit of how's your luck.

(Published in Liverpool Echo, December. 9, 2023)

Lokale Geschichte

Der Ausbruch des Vesuvs

Neun Uhr fünfundvierzig an einem Sonntagmorgen:
Kirchenpredigten werden unterbrochen;
ebenso wie" Ungläubige", die versuchen,
eine dringend benötigte Nachtruhe zu genießen.
Dann: Ein ohrenbetäubendes Getöse wie Donner,
als vier der acht Türme des Kraftwerks
Fiddlers Ferry Power Station*
kaskadenartig zu Boden stürzten!
Festgehalten von den Medien für alle Zeit.
Ein Teil der nordwestlichen Geschichte
ist nun abgedruckt in Schulbüchern
für Schüler der nächsten Generation.
Eine gigantische Kraftanstrengung,
eine meisterhafte Sprengung
mit Dynamit und ein bisschen Glück.

*Fiddlers Ferry Power Station war ein Kohlekraftwerk in Warrington,
Cheshire, das am 31. März 2020 stillgelegt wurde

Dogs

The Enigma of Mutual Understanding

A picture of chilled out relaxation at my feet.
Fully aware that he is totally loved.
To absolute bits.
His name is King but he allows me to be his Master
And I know that he would do everything
To keep our friendship from falling apart.
Trust, Peace, Light, Warmth, Food.
Because that is all that King needs
To stay in the Sanctuary of Love.
Forever.

(Published in Liverpool Echo, November 18, 2023)

HUNDE

Das Geheimnis gegenseitigen Verständnisses

Ein Bild völliger Entspannung zu meinen Füßen
mit dem sicheren Bewusstsein, dass er rundum geliebt
wird. Geliebt über alles.
Er heißt *King* und er erkennt mich als Herrchen an.
Ich weiß, dass er alles tun würde
für eine „bedingungslose" Freundschaft.
Vertrauen, Frieden, Licht, Wärme, Futter.
Das ist alles, was *King* braucht,
um eine Zuflucht zu haben.
Für immer.

WORK

Soaked in like a Sponge

A meeting is a process
Theory guided, spoken through
It can sometimes lose its focus
When it just involves a few

It can fail through lack of planning
As a quorum finds its strength
With a firm but gentle message
Silver bullet, practised length

Once the bullet finds its target
And all arguments are met
All participants then feel valued
As their targets are now set

They can see things brought to order
As a candle to a flame
With professional dedication
Everybody wins this game.

(Published in Liverpool Echo, April 29, 2023)

ARBEITSWELT

Aufgesaugt wie ein Schwamm

Ein Meeting ist ein gruppendynamischer Prozess
Oft ein theoriegelenkter und fester Ablauf
Manchmal aber verfehlt es sein Ziel
Wenn die Mehrheit nicht zustimmt

Es kann durch falsche Planung misslingen
Oder wenn die Mehrheit dagegen stimmt
Mit einer dezidierten aber doch sanften Botschaft
Werden Tatsachen geschaffen

Wenn die Tatsachen „durchgedrückt" sind
Und alle Argumente besprochen sind
Fühlen sich alle Teilnehmer ernstgenommen
Da" ihre" Ziele nun festgelegt sind

Sie erfahren, was zusammengehört
Wie die Kerze und die Flamme
Mit professioneller Hingabe
Ist jeder ein Gewinner.

The I.T. Yuppie

I go to work in a 3 piece suit:
Silk shirt and velvet tie
With brogues straight out of Savile Row
All money do or die
A pager and a cordless phone
The two I carry around;
It's double time when they go off
I barely hit the ground.
I speak a foreign language too
So I get to work abroad
Conversing in the native tongue
So good I'm not ignored
But just in time I close the door
To this fast paced Rat Race living
And change it for a quieter life
Where I can be more giving
And drop the suit and phone and brogues
Take a casual approach
And leave I.T. for Youth Club work,
A counsellor and a coach.

Der I.T. Yuppie

Ich gehe in einem Dreiteiler zur Arbeit:
Mit Seidenhemd und lila Krawatte und
mit Halbschuhen aus der *Savile Row*.*
Nach dem Motto:" Was kostet die Welt!".
Ich trage ständig einen Pager und ein Handy bei mir,
und wenn sie beide losgehen, wird's turbulent.
Ich schwebe über dem Boden.
Ich beherrsche außerdem eine Fremdsprache,
so dass ich im Ausland arbeiten und
mich in der Landessprache verständigen kann,
so gut, dass man mich nicht übersieht.
Aber rechtzeitig habe ich dem Leben
auf der Überholspur den Rücken gekehrt.
Ich lebe nun ein ruhigeres Leben,
in dem ich anderen mehr geben kann.
Ich habe Anzug, Handy und die Herrenschuhe abgelegt
und mit einer legereren Erscheinung getauscht.
Ich bin weg von der I.T. Welt
und arbeite nun in einem Jugendclub;
als Berater und Coach.

*eine renommierte Einkaufsstraße in London mit
zahlreichen teuren Herrenausstattern

So, now I have a lot less stress
I can sleep soundly at night
Without my pager going off
And giving me a fright.
So I can speak for most,
When I say don't chase the money,
It's better to have health than stress.

(Published in Liverpool Echo, October 14, 2023)

Ich habe nun erheblich weniger Stress.
Ich kann nachts ruhiger schlafen und kein
Funkgerät mehr, das mich hochschrecken lässt.
Sicher spreche ich für viele von euch,
wenn ich sage: Jagt nicht hinter dem Geld her,
eure Gesundheit ist mehr wert
als ein Leben auf der Überholspur!

CHILDHOOD

The Seventies

With no responsibilities, the joy of playing out
With building dens and football games
We'd play till mums would shout
And we'd respect the older kids
But sometimes we'd annoy
The grown ups playing knock and run
We'd be cheeky girls and boys.
We even liked the rainy days;
We'd colour and we'd read
And watch cartoons and play boardgames
And then we'd beg and plead
That even `twas just slightly wet
To go outside and play again
We'd say that's what we need.
They say great minds they think alike,
We learned so much as kids
It wasn't what we didn't do
But what it was we did
And now that we are middle aged
We can look back with great joy
What fun the seventies really was
To be young girls and boys.

(Published in Liverpool Echo, October 1, 2022)

KINDHEIT

Die 1970er Jahre

Wir hatten noch keine Verantwortung und
draußen zu spielen machte Spaß!
Höhlen bauen und Fußballspielen,
wir spielten, bis die Mütter uns riefen.
Wir respektierten die älteren Kinder,
und manchmal ärgerten wir die Erwachsenen,
wenn wir eine" Klingeljagd" veranstalteten.
Wir waren freche Kinder
und mochten sogar die Regentage;
dann malten wir Bilder aus und lasen,
oder wir schauten uns Cartoons
im Fernsehen an und spielten Brettspiele.
Wir flehten und bettelten,
draußen spielen zu dürfen, auch wenn es nieselte.
Wir behaupteten: Draußen spielen tut uns gut!
Offenbar haben große Geister ähnlich gedacht.
Wir lernten so viel als Kinder:
Nicht von dem, was wir nicht taten,
sondern von dem was wir ausprobierten.
Und nun, da wir älter sind, können wir mit Genugtuung
auf die großartigen 1970er Jahre zurückblicken,
als wir noch Mädchen und Jungen waren.

My Golden Childhood

With my leather casey football,
And my corporation pop,
And my football sticker album,
Which my friends and I would swap,
With my yellow finny haddy,
Then my afters of ice cream,
My 1970s childhood,
Really was a childhood dream.
But there were some bad times too,
Being punched and kicked by bullies,
The real terrors of the school,
And the three day week and coal strikes,
Meaning houses without fuel,
And the rubbish piling up,
And the binmen not collecting,
And the houses wanting inside loos,
Which Councils kept rejecting,
But we still kept Sundays special,
With the family Sunday roast,

Meine goldene Kindheit

Mein lederner Fußball
und meine Limonade,
mein Fußball-Sticker-Album,
meine Freunde, mit denen ich Bilder tauschte,
mein gelb geräucherter Schellfisch
und meine Eiscremes danach;
das war meine 1970er Kindheit,
die wirklich ein Kindheitstraum war!
Aber es gab auch schlechte Zeiten,
als wir von Rowdies geschlagen und getreten wurden.
Sie waren der Schrecken der Schule.
Dann die drei-Tage-Woche und die Kohlestreiks,
die Häuser ohne Wärme bedeuteten.
Müllberge türmten sich auf,
die die Müllmänner nicht entsorgten.
Die Häuser benötigten dringend Innen-WCs,
die der Stadtrat nicht genehmigte.
Dennoch aber haben wir die Sonntage
mit dem Sonntagsbraten beibehalten;

And although we barely had enough,
At teatime there'd be toast.
Then in 1977, The Queen's Silver Jubilee,
And the street parties and festive fun,
For those there they would agree,
That although it could be tough at times,
We'd all stick by together,
Our communities were open doors,
Which we believed forever.
No internet, no mobile phones,
No everything on demand,
We'd make time for conversation,
And we'd get things done,
Without making big plans,
Yes, I really loved my childhood,
Yes, there wouldn't be a day,
That I would swap for anything,
Or have taken away.

(Published in Liverpool Echo, July 23, 2022)

und obwohl wir wenig hatten,
gab es Toast zur Teestunde.
Im Jahr 1977 feierten wir
das silberne Thronjubiläum der Königin:
Mit Straßenfesten und feierlichem Vergnügen. -
Alle, die damals in unserem Alter waren,
würden zustimmen, dass wir zusammenhielten,
auch wenn es manchmal schwierig war.
Unsere Gemeinschaft war für alle offen,
und unser Zusammenhalt war unerschütterlich.
Es gab noch kein Internet und keine Handys
und nichts „auf Abruf".
Wir nahmen uns Zeit für Gespräche,
und wir haben Dinge erledigt, ohne
groß darüber nachzudenken.
Ja, ich habe meine Kindheit wirklich geliebt,
es gab wahrlich keinen Tag,
den ich tauschen oder streichen möchte.

Fabulous Seventies School Dinners and Mum's Hometime Cooking

Fantastic school cheese pie, pie for which I'd die:
Crispy baked and piping hot,
If seconds are offered I'm there like a shot,
I'd even wait there if there's not.

Rice pudding and the joy of mixing the jam,
I tell you I am so much a fan.
As well as jam sponge and custard,
Then mum's rice pudding keen and crusted.

After sausage, egg and chips,
I can see you all licking your lips,
My sisters were just as good at cooking them.
Mum taught them all the tips.

Roast lamb and mint sauce,
Or roast chicken dinner, of course,
And gammon and pineapple or egg,
We never had to beg.

Fabelhafte 1970er Schulessen und Mutters Hausmannskost

Fantastischer Käsekuchen für den ich sterben würde:
Goldbraun gebacken und noch ofenwarm.
Wenn es Nachschlag gab, war ich sofort zur Stelle
und wartete sogar, selbst wenn es keinen mehr gab.

Ich mag Milchreis und das Mischen von Konfitüre,
davon bin ich ein großer Fan.
Genauso liebe ich Marmeladenbiskuit und Pudding,
und Mutters Milchreis mit einer köstlichen Kruste war
einfach lecker.

Ich merke, dass ihr euch alle die Lippen nach
nach Würstchen, Eiern und Kartoffelspalten ableckt.
Meine Schwestern konnten all die leckeren Sachen
genauso gut kochen wie Mutter, die alle Tipps weitergab.

Lammbraten mit *Minzsauce*
oder natürlich Brathähnchen zum Abendessen.
Schinken und Ananas oder Ei,
wir brauchten nie darum zu betteln.

There was always plenty to go round,
I tell you what, mum's cooking
was sound as a pound.

And I've lived to tell you the tale,
About if you could buy a seventies meal today,
I'd search till I found one for sale.
Hallelujah, happy days in each and every way,
I can dream.

(Published in Liverpool Echo, May 27, 2023)

Swan, Swam Over the Sea/*
Ein Schwan schwamm über den See
*English Nursery Rhyme/Englischer Kinderreim

Es war immer genug für alle da.
Ich kann euch sagen:
Mutters Kochkünste waren legendär.

Ich sage euch ganz ehrlich:
Wenn ich heute noch ein Gericht wie damals bekäme,
ich würde jeden Preis dafür bezahlen.
Halleluja! Glückliche Zeiten, von denen ich
in jeder Hinsicht nur noch träumen kann.

Seventies Heaven

Happy children's paradise,
Tomahawks and skates,
Spacehoppers and chopper bikes,
Kids playing out all day.

Trampolines and swings and slides,
Forts and tiny tears,
Parma violets, daisy chains,
Love hearts, gummy bears.

Television, black and white,
Colour if you're lucky,
Taking plates to get your chips,
No burgers or Kentucky.

Football games, 50-a-side,
Corporation pop,
Fantastic nineteen seventies,
So sad it had to stop.

Himmlische Siebziger Jahre

Es war ein glückliches Kinderparadies:
Tomahawks und Rollschuhe,
Hüpfbälle und Mofas.
Wir Kinder spielten den ganzen Tag draußen.

Es gab Trampoline, Schaukeln und Rutschen,
Burgen und manchmal eine Träne im Auge,
Parma-Veilchen, Gänseblümchenketten,
kleine Liebesgeschichten und Gummibären.

Es gab den Schwarz-Weiß-Fernseher,
und Farbfernsehen, wenn man fortschrittlich war.
Man nahm sich einen Teller, um Pommes zu holen,
keine *Burger* oder *Kentucky*.

Fußballspiele, 50 gegen 50 Kinder,
Limonade.
Herrliche 1970er Jahre,
schade, dass sie Vergangenheit sind.

So glad I grew up in this time
I feel so truly blessed,
I could talk on and on and on
As if you hadn't guessed.
The seventies were tough but free,

But I had friends and I had love,
And when I stop to reminisce,
Then this all went hand in glove.

So three cheers for the seventies,
I thought only today,
We often found it so much fun,
So sad it's gone away.

(Published in Liverpool Echo, January. 29, 2022)

Ich bin froh, dass ich in dieser Zeit groß wurde,
was für ein kostbares Privileg!
Ich könnte ewig darüber reden,
wie Sie sicher ahnen können.
Die 70er waren streng aber frei.

Aber ich hatte Freunde und Zuneigung,
und wenn ich innehalte und in Erinnerungen schwelge,
dann ging alles Hand in Hand.

Ein dreifaches Hoch auf die siebziger Jahre!
Ich erinnere mich gern an sie,
denn wir hatten so viel Spaß.
Schade, dass sie vorbei sind!

Prom Night Delight

I plucked up courage, approached Belinda
And asked her to the Prom;
I struggled to control my voice
In case it came out wrong.
With girls I was a hopeless case,
They seemed two steps ahead,
So often before or during a date
My feelings went unsaid.

So what a great surprise it was
When Belinda, she said „Yes"
And then said „I'm so glad you asked,
I hope you'll like my dress."
So I answered with great pride inside
„I'll know you'll look just fine,
Shall we say at eight I'll pick you up,
I'll definitely be on time"

Vergnügen beim Abschlussball

Ich nahm meinen ganzen Mut zusammen
und fragte Belinda, ob sie mit mir zum Ball käme.
Ich musste meine zittrige Stimme kontrollieren,
denn es sollte nicht falsch „rüberkommen".
Bei Mädchen war ich ein hoffnungsloser Fall,
sie schienen mir immer zwei Schritte voraus zu sein.
Meine Gefühle blieben oft vor oder während eines
Dates unbeantwortet.

Da war es eine Riesenüberraschung,
als Belinda „Ja" sagte.
"Schön, dass du gefragt hast,
ich hoffe, du magst mein Kleid."
Mit innerlichem Stolz antwortete ich:
„Ich bin mir sicher, dass du hübsch aussehen wirst.
Ich hole dich um acht Uhr ab,
ich werde pünktlich sein."

She answered „Don't be so nervous, Tom,
My Dad is driving me
And then I'll join the other girls,
That's how it's done, you see."
My pride it took a little knock
But I didn't let it show
I just said „And I'll wait with the men, OK?
I'll just go with the flow."

And later the band struck up a tune,
And through the corner of my eye,
Belinda, I saw in a stunning dress
As blue as a summer sky
And she said that she loved my suit,
Her favourite, Royal Blue
And I saw that she enjoyed her night
As I did so much too.

And sixty years later now
With our family at our side
We both looked back on how we met
As love needs no reply.

(Published in Liverpool Echo, July 8, 2023)

Sie antwortete: "Sei nicht so nervös, Tom.
Mein Vater bringt mich hin,
und ich treffe mich mit den anderen Mädchen,
das verstehst du doch, oder?"
Mein Stolz war ein wenig angekratzt,
aber ich ließ mir nichts anmerken, und sagte nur:
„Ich werde dann bei den Jungen warten
und mich einfach der Mehrheit anschließen, OK?"

Später spielte die Band ein Lied,
und aus meinen Augenwinkeln sah ich
Belinda in einem atemberaubenden,
himmelblauem Kleid. -
Ihr gefiel tatsächlich mein Anzug,
er war Königsblau, ihre Lieblingsfarbe.
Ich bemerkte, dass sie den Abend genoss,
genauso so sehr wie ich.

Sechzig Jahre später, zusammen mit unserer
Familie, erinnern wir uns beide daran,
wie wir uns kennengelernt haben:
Liebe braucht keine Erklärung.

My Childhood Summers

Whilst dads were at work,
under the watchful eyes of mothers
gossiping on doorsteps we played.

Joyful games like hopscotch and
skipping with peals of delighted laughter
under the warm summer sun.

Going out then with the older boys
for feisty games of football;

Stopping occasionally to watch
the pretty girls cartwheeling and
doing handstands against the wall.

Then trying it ourselves ready for
their playful teasing.

Grandads giving us a shilling for
a frozen Jubbly when going to
the corner shop for their cigarettes;

Meine Kindheitssommer

Wir spielten auf Treppen, während die Väter arbeiteten
und die Mütter mit Argusaugen über uns wachten
während sie mit anderen Müttern tratschten.

Es waren lustige Spiele wie „Himmel und Hölle"
und Seilspringen unter schallendem Gelächter
in der warmen Sommersonne.

Wir gingen mit den älteren Jungen aufs Feld
und spielten mit Feuereifer Fußball;

Ab und zu nur unterbrochen,
weil wir den Mädchen beim Radschlagen
oder beim Handstand gegen die Wand zusahen.

Dann probierten wir es selber aus,
bereit für ihre spielerischen Neckereien.

Die Großväter gaben uns einen Schilling
für eine Limonade, wenn sie zum Eckladen gingen,
um sich Zigaretten zu kaufen.

Mothers, older sisters and grandmas
scolding grandads and us kids, telling us
we should have spent our shillings on fruit.

Buying and swapping football stickers
after games of marbles,

Whilst girls played with their
Sindy dolls in dolls' prams.

Family fish and chips on Fridays

Or pies on Saturdays with dads
Bringing them home after work.

Then church on Sundays and
Sunday School followed by a
Sunday roast;

The different smell's drawing us
Children back home,

After the freedom it was just to be.

(Published in Liverpool Echo, June 10, 2023)

Die Mütter, die älteren Schwestern und die Großmütter
schimpften mit den Großvätern und uns Kindern, und
meinten, wir sollten das Geld lieber für Obst ausgeben.

Wir kauften und tauschten Fußballaufkleber
nach den Murmelspielen.

Die Mädchen spielten mit ihren
Barbie-Puppen im Puppenwagen.

Freitags gab es *Fish and Chips* für die ganze Familie.

Unsere Väter brachten samstags
Torten nach der Arbeit mit.

Sonntags war Messe,
dann Sonntagsschule,
und dann gab's den Sonntagsbraten.

Die verschiedenen Gerüche
trieben uns nach Hause.

Freiheit konnte so einfach sein!

Blinding Spots of Frogspawn

I was a fortunate one.
As a baby I was loved,
Tucked snugly in my cot
To the hum of a mother's lullaby.
As a boy I found the world hard:
Content to stand on the climbing frame alone
Oblivious to the joys of the sportsfield.
And now as a man of middle age
I have a damaged soul
Frightended by debts and
the enemies of misled mercies:
Dying in the quicksand with only
my shoes surviving its bite.
A youth of the twentieth century,
Happy in my simple world of marbles
and plastic footballs,
Savouring that gorgeous Mr Whippy
Till the children's programmes began.
You are racing away technology
of the twenty first century
What happended to our fresh air
and the sweet childhood memories
Of safely playing in our streets?

Froschlaich im Kopf

Ich war ein Glückspilz.
Als Baby wurde ich geliebt;
gemütlich eingewickelt in meinem kuscheligen Bettchen
zur Melodie von Mutters" Gute-Nacht-Lied".
Als Junge empfand ich die Welt hart:
Ich war zufrieden damit,
allein auf dem Klettergerüst zu stehen,
ohne die Freuden des Sportplatzes zu kennen.
Nun habe ich als Mann im mittleren Alter
eine verletzte Seele.
Ich habe Angst, Schulden zu machen
verursacht durch Lug und Betrug.
Ich versinke im Treibsand
und nur meine Schuhe bleiben noch übrig.
Ich bin ein Jugendlicher im 20. Jahrhundert,
der glücklich ist in seiner einfachen Welt
mit Murmeln und Plastik-Fußbällen,
der den herrlichen *Mr Whippy** genießt,
bis die Kinderprogramme starteten.
Die Technologie des 21. Jahrhunderts „entgleitet" uns.
Was ist mit unserer frischen Luft und den
süßen Kindheitserinnerungen passiert,
oder dem Spielen auf der Straße ohne Gefahr?

Life is short and precious.
Please take time out to pause.
And love.

(Published in Weekly News, October. 3, 2019)

Our Life is like a "Bridge over Troubled Water"*
Unser Leben ist wie eine Brücke über unruhigem Wasser
*Song by Paul Simon/Lied von Paul Simon

Das Leben ist kurz und kostbar.
Nimm dir Zeit zum Innehalten.
Und für die Liebe.

*Mr. Whippy ist ein Softeis aus einem Eiswagen

THE FINE ARTS

Taking Control and Tapping your Feet

Let's hear the strings play melodies,
Whilst drum stake up the bass,
And see conductors take control,
With patience and with grace,
Where harps answer the violins,
Then oboes, clarinets,
Full orchestras majestically,
Professionals at their best.

So, be it sport or be it music,
Going to cinema or play,
Or a meal in a fine restaurant,
Being outside on a sunny day,
And remembering our childhoods,
Taking time to think of such,
From our youth and with luck,
into old age,
Showing us life to mean so much.

(Published in Liverpool Echo, February 12, 2022)

Die schönen Künste

Good Vibrations

Lasst uns die Melodien der Streicher hören,
während die Trommel den Bass befeuert
und die Dirigenten, mit Geduld und Würde,
die Kontrolle übernehmen.
Die Harfen antworten den Violinen,
dann kommen die Oboen und Klarinetten.
Das volle Orchester ertönt erhaben,
wenn alle Musiker in Perfektion spielen.

Genauso ist es mit Sport oder Musik,
wenn wir ins Kino gehen oder in der Freizeit,
wenn wir Essen gehen in einem guten Restaurant,
wenn wir an einem sonnigen Tag draußen sind,
und uns an unsere Kindheit erinnern.
Wenn wir uns Zeit nehmen,
uns zurückzuerinnern an unsere Jugend,
und wenn wir Glück haben, alt zu werden,
dann merken wir, wie wertvoll das Leben ist.

CHILD PSYCHOLOGY

A Wholeness Body and Soul

The mirror just sees the outside;
It cannot look into the soul
It may look like the body is full and is well
But in truth there's a lot more to the whole.
We journey through life,
We all take different paths
We are never to know of our fate
We can plan for the future
Try to map out our lives
But we never know if it's too late.
As a child we are open to learning and love
And are nurtured with patience and care
But too many we see
They don't always agree,
Leave behind only sorrow, despair.
Then the mind is left fragile
And that once childlike trust
Is replaced by a barrier and fear
We don't know our value
We put ourselves down
As we've just known intolerance and tears.

Die Einheit von Körper und Seele

Ein Spiegel zeigt nur das Äußere,
er kann nicht in die Seele schauen –
Es mag den Anschein haben,
dass der Körper intakt und gesund ist,
aber in Wahrheit gehört so viel mehr dazu.
Wir reisen durchs Leben,
alle auf verschiedenen Pfaden.
Wir wissen nichts über unser Schicksal,
wir können zwar für die Zukunft planen
und unser Leben zurechtlegen,
aber wir wissen nie, ob es vergeblich ist.
Als Kinder sind wir empfänglich für Liebe und Wissen;
wir werden mit Geduld und Fürsorge erzogen,
aber Viele haben all dies nicht erfahren,
dann herrscht oft Trauer und Verzweiflung.
Unser Geist ist zerbrechlich,
und unser „Urvertrauen" wird
durch Blockaden und Ängste bedroht.
Wir geringschätzen uns selber
und machen uns „klein",
da wir nur Intoleranz und Tränen kennen.

So, always show kindness, compassion, bring joy
Give the youth a sense of value and hope
And in turn give the older ones patience and time
So that whilst we still live we can cope.
A light in the distance coming closer to view
Lets us know life is worth beyond cost
Good morning, good evening or a
plain how d'you do
Showing love so that no one is lost
Our life on this Earth is like a river and bridge
We ensure we get safely across
So that at our journey's end
We have learnt to be friends
And ensure we've undone all the knots.

(Published in Liverpool Echo, December 30, 2023)

Zeige immer Freundlichkeit, Mitgefühl und Freude.
Gib der Jugend Wertvorstellungen und Hoffnung
und den Älteren Geduld und Zeit,
damit wir, solange wir leben, gewappnet sind.
Ein Licht aus der Ferne rückt näher und wir
erkennen, dass das Leben mehr wert ist als „Kosten".
Ein „Guten Morgen", „Guten Abend" oder
ein freundliches „Wie geht's"?
zeigt Mitgefühl gegen Jedermann.
Unser Leben gleicht einem Fluss und einer Brücke:
Wir sollten sicher gehen,
dass wir drüben unbeschadet ankommen
und wir am Lebensende gelernt haben,
Freunde zu sein und sicher sind,
dass wir alle Rätsel gelöst haben.

MENTAL HEALTH

One more Sweetener to my Coffee

I really thought my crossword win
would change my life forever,
For years my moods were really low,
my health was not too clever,
But then the cheque dropped through my door,
I'd won five thousand pounds,
I started cheering through my house,
And making happy sounds.
I asked myself what should I do,
Should I be kind and share,
Or should I spend it on myself,
A holiday somewhere?
So I paid the cheque into the bank,
It took five days to clear,
I made up my mind to save it up,
And leave it for a year,
And then decided somewhere cold,
Where I could wrap up warm,
Would be how winter would end up.

PSYCHISCHE GESUNDHEIT

Süßstoff für meinen Kaffee

Ich hatte wirklich geglaubt,
dass mein Kreuzworträtsel-Gewinn
mein Leben für immer verändern würde.
Über viele Jahre fühlte ich mich niedergeschlagen,
meine Gesundheit war nicht zum Besten bestellt;
aber dann flatterte ein Scheck zur Tür herein:
Ich hatte fünftausend Pfund gewonnen und
ich tanzte durchs ganze Haus und war selig.
Ich fragte mich, was ich nun tun sollte:
Sollte ich so edel sein zu teilen,
oder sollte ich den Gewinn für mich selber nutzen
und vielleicht irgendwohin in Urlaub fahren?
Ich löste den Scheck bei der Bank ein,
es dauerte fünf Tage.
Ich hatte mich entschlossen, das Geld erst einmal
zu sparen und es ein Jahr liegenzulassen.
Dann entschloss ich mich, an einen kalten Ort zu reisen,
wo ich mich warm einpacken konnte,
um den Winter zu überstehen.

And hefty bills would come.
So I saved it wisely in the end,
Five hundred more I made,
And I felt quite content right then,
With the wisdom I displayd.
So if good fortune comes your way,
Think hard, make the decision,
And all the best will come to you,
With time and with precision.

(Published in Liverpool Echo, September 3, 2022)

Es würden saftige Rechnungen kommen.
Also hatte ich das Geld
am Ende klugerweise gespart.
Es kamen sogar noch 500 Pfund dazu,
und ich fühlte mich zufrieden
mit der getroffenen Entscheidung.
Wenn das Glück auf deiner Seite ist,
denke gut nach, bevor du dich entscheidest,
dann wird das Gute dein Begleiter sein.

Born to be Free

I'm a person not a number,
I'm a voice not just a gong,
I'm awake not caught in slumber,
Obey the law and don't do wrong.

But I'm troubled and I'm worried,
Have anxiety attacks,
I'm on lots of medication,
And my mind is on the rack.

I am like a ticking timebomb,
I get up but then fall down,
Provide laughter in life's circus,
Not the gymnast but the clown.

But I have a fighting spirit,
Knowing that I will come through,
Through whatever life throws at me,
And will take you with me too.

Geboren, um frei zu sein

Ich bin ein Mensch, keine Nummer,
ich habe eine Stimme und keinen Gong,
ich bin aufmerksam und nicht im Schlummer gefangen,
ich bin gesetzestreu und ohne Tadel.

Aber ich bin beunruhigt und mache mir Sorgen,
ich habe Angstattacken,
ich nehme viele Tabletten,
und meine Gedanken foltern mich.

Ich bin wie eine tickende Zeitbombe,
ich stehe auf und falle hin,
ich sorge für Gelächter im Lebenszirkus,
ich bin nur der Clown und nicht der Artist.

Aber ich habe ein Kämpferherz,
ich weiß, dass ich es schaffen werde,
egal, was das Leben für mich bereithält,
ich werde dich auf meiner Reise mitnehmen.

So, be calm, be of free spirit,
Take my hand, weather the storm,
Let the joys of life surround you,
And protect you from all harm,
Because we're all important,
We are all finding our way,
And the Lord will help to guide us,
Help us live another day.

(Published in Liverpool Echo, May 14, 2022)

Free as a Bird in the Sky
Frei wie ein Vogel am Himmel

Sei gelassen und freigeistig,
nimm meine Hand und trotze dem Sturm.
Lass dich umspülen von Freude,
die dich vor allem Bösen beschützt;
denn jeder Einzelne zählt und ist wichtig,
wir alle müssen unseren Weg finden,
und Gott wird uns helfen und führen,
einen neuen Tag zu erleben.

Times of a Chrysalis Enigma

My boyhood days were carefree,
I felt loved and safe, secure,
A network of protection,
To the world beyond my door,
But now that I've grown older,
In this world and made my way,
I've found it much more difficult.
To be heard and have my say,
When your mind is left to wander,
You can be treated like a fool,
Because your problems don't physically show,
Reactions can be cruel,
Like a man without direction,
Yet to find and make his mark,
The world judges on quality,
As he scrambles through the dark,
Like a train driving through a tunnel,
Slowing down then speeding up,
We will never know our destiny
Till we've reached the final stop.

(Published in Liverpool Echo, January 7, 2023)

Das Geheimnis unseres Daseins

Meine Jungentage waren sorgenfrei,
ich fühlte mich geliebt, geborgen und sicher,
ein Sicherheitsnetz gegen die Welt da draußen.
Ich wurde älter und habe meinen Weg gemacht.
Aber es war schwierig, gehört zu werden
und mitreden zu können.
Wenn ich meinen Gedanken freien Lauf lasse,
werde ich wie ein Narr behandelt,
da sich meine Probleme nicht körperlich zeigen.
Die Reaktionen können unbarmherzig sein
gegenüber einem Menschen,
der keine Orientierung hat,
um sein Ziel zu finden und zu erreichen.
Die Welt urteilt nach Qualität,
währenddessen ich durch die
Dunkelheit krieche wie ein Zug,
der durch einen Tunnel fährt:
erst langsam, dann wieder schnell.
Wir alle kennen unser Schicksal nicht,
bevor wir zur „Endstation" gelangen.

Facing Reality

All the new things of the future,
All the known facts of the past
Bring all earth's nations together
To stop us from moving too fast.
Well that is the way we would like it
But greed always gets in the way
The rich and the powerful get richer,
The poor just survive for today.
Tho old they are left on the scrapheap
The sick, they cry out in despair,
The young they see life as a mystery
And wonder if people still care.
Our life on this planet's a struggle,
There are times when we just can't go on.
We hope but then tragedy happens
Until all good memories are gone.
So, how can we plan for tomorrow,
Our life truly hangs on a thread;
One moment there's breath in our nostrils,
The next we're forgotten and dead.

Der Realität ins Auge schauen

All die neuen, modernen Dinge der Zukunft,
all die bekannten Fakten aus der Vergangenheit
bringen sämtliche Länder der Erde zusammen,
damit wir unser „Lebenstempo" drosseln.
Ja, so hätten wir es gerne!
Aber die Gier steht uns immer im Weg.
Die Reichen und Mächtigen werden reicher,
die Armen überleben gerade mal das Heute.
Die Alten landen auf der" Müllhalde",
die Kranken schreien vor Verzweiflung,
die Jungen sehen das Leben als ein Mysterium an
und fragen sich, ob sich die Menschen
überhaupt noch Gedanken machen.
Unser Leben auf der Erde ist ein Kampf,
und manchmal verzweifeln wir.
Wir hoffen, aber dann schlägt das Schicksal zu,
und alle guten Vorsätze sind verschwunden.
Wie also können wir das Morgen planen?
Unser Leben hängt an einem seidenen Faden.
Mal sind wir „oben auf", mal sind wir vergessen und tot.

But let us not dwell on these happenings
We still must live life to the full,
From life after death we're protected
The last thing we should be is dull.
So try and break the darkness with brilliance
Just look at God's beauty and smile
Be happy and love one another –
This truly makes living worthwhile.

(Published in Weekly News, June 28, 2018)

Aber wir sollten nicht zu viel darüber nachdenken,
wir sollten das Leben einfach in vollen Zügen genießen.
Da wir nicht wissen, wie es nach unserem Tod
weitergeht, sollten wir nicht in Trübsinn verfallen.
Versuchen wir, der Dunkelheit mit Brillanz zu begegnen.
Lasst uns auf Gottes Schönheit schauen.
Lächelt, seid glücklich, liebt und achtet euch –
das macht das Leben doch erst lebenswert.

Bursting the Bubble

I've watched my life go rolling by
Awash with crazy dreams,
A million possibilities
Well, that's just how it seems
And I've squandered many chances
Out of greed to reach the top
With impossible ambitions
Fuelled by lies that never stop.
If only I could turn back time,
Would it be better spent
Or would my seach for happiness
Disguise my wrong intent
And would I make the same mistakes
That spoilt my life of old
Or would I use this new found chance
To come out of the cold.
I think we all can live and dream
And wonder what we'd do
If we were given one more go
What path would we pursue
But out of human weakness
Would we just fall into trouble
Risking live and limb and all that's good
In our quest to burst the bubble.

(Published in Liverpool Echo, June 28, 2018)

Durchbruch

Ich habe mein Leben in verrückten
Träumen vorbeiziehen sehen.
Es gab scheinbar tausend Möglichkeiten,
und ich habe viele Chancen vertan.
Aus Gier, um ganz oben zu landen,
mit unmöglichen Ambitionen,
befeuert durch nicht enden wollende Lügen.
Wenn ich doch nur die Zeit zurückdrehen könnte,
dann wüsste ich sie besser zu nutzen.
Oder würde meine Suche nach dem Lebensglück
nur mein Fehlverhalten verschleiern?
Würde ich dieselben Fehler machen,
die mein vorheriges Leben zerstört haben?
Würde ich diese neu gefundene Chance nutzen,
um aus dem Abseits zu kommen?
Ich glaube, wir alle können leben und träumen
und uns fragen, was wir tun können,
wenn wir eine zweite Chance bekämen.
Welchen Weg würden wir einschlagen?
Durch unsere menschliche Schwäche
würden wir vielleicht in Schwierigkeiten geraten,
denn wir würden Leib und Leben riskieren
und alles, was hilft,
um den Durchbruch zu schaffen.

Fighting back our Society

If a damaged mind could focus,
If a voice filled head could chill,
If mental health problems didn't exist
Then our world would be love and still.
But the demons have horns, they are dragons,
Breathing fire and creating a plague
Since time was begot
And that counts for a lot
Mental illness has been centre stage.
So why won't they publish our poems?
So many affected, just dumped:
If they listened to those with the problems
Well then, then less likely they'd jump.
We're not all degenerates and nutters,
We're people, just give us a break,
Some shocking realities we face every day,
Unaffected don't give, they just take.
They gobble up newsprint and stories
Of psychopaths, schizoids with swords
Who are shot on the street by police on the beat,
The genuine sick are ignored.

Auflehnung gegen unsere Gesellschaft

Wenn eine geschundene Seele sich konzentrieren könnte,
wenn ein Kopf voller Stimmen sich beruhigen könnte,
wenn psychische Gesundheitsprobleme nicht da wären,
dann herrschten auf der Welt Liebe und leise Töne.
Aber die Dämonen haben Hörner, es sind Drachen,
die Feuer speien und Unheil heraufbeschwören,
seit Anbeginn der Zeit.
Und das „erklärt" vieles!
Die psychische Erkrankung ist lange ein Thema gewesen.
Warum veröffentlichen sie unsere Gedichte nicht?
So viele Betroffene, einfach weggeschmissen:
Wenn sie auf uns gehört hätten,
nun, dann, dann würden sie weniger verwundert sein.
Wir sind nicht alle degeneriert und durchgeknallt.
Wir sind Menschen, geben Sie uns eine Chance.
Jeden Tag erleben wir schockierende Nachrichten;
Nichtbetroffene geben nie etwas, sie nehmen nur.
Sie stürzen sich auf Zeitungsberichte und Geschichten
von Psychopathen und Schizoiden mit Schwertern,
die von der Polizei auf offener Straße erschossen werden.
Die wirklich Kranken werden ignoriert.

YOU SAY – What's wrong with you,
Why should we fund you?
You baby, why don't you grow up?
Get up, get a job and stop moaning.
Your complaining is driving me nuts.
What a cruel way to treat your own brother,
Or sister, mother, father or son,
Just turn off the TV and away with the press
Then your world will have really begun.

(Published in Weekly News, July 4, 2019)

DU SAGST – Was fehlt dir,
warum sollten wir dich unterstützen?
Du „Schlappschwanz", warum wirst du nicht erwachsen?
Bemüh' dich, finde einen Job und hör' auf zu jammern.
Euer Gejammer macht mich wahnsinnig!
Was für eine krude Art, euren Bruder, eure Schwester,
eure Mutter, euren Vater, euren Sohn zu behandeln.
Schaltet den Fernseher aus und weg mit der Presse,
erst dann werdet ihr uns besser verstehen.

Talking to Strangers

Give time and give support to
the poor man down the street:
The people lost and broken beyond time.
Talk to the people who are suffering with dementia:
Have fun with them doing jigsaws,
telling nursery rhymes.
Offer to do shopping for the housebound,
Sit and chat or better still take them out
for a day out in the car.
Put their memories on tape
when they tell you how it was
When they were young – share the birthdays
With centenarian superstars.

Yes, never waste a moment:
Fill your days with company and
new found friends –
Stay active if you can
Eat well, sleep soundly and relax.

And remember the importance of new friends,
Yes, genuine friends who when
you reach out to them
Will never ever ask too much of you or lose track.

(written 2024)

Gespräche mit Fremden

Nimm dir Zeit und unterstütze
arme Menschen auf der Straße.
Die verlorenen und gebrochenen Seelen.
Unterhalte dich mit Menschen, die an Demenz leiden:
Hab Spaß mit ihnen bei Laubsägearbeiten oder beim
Aufsagen von Kinderreimen.
Biete ihnen an, einkaufen für sie zu gehen,
setz' dich zu ihnen und plaudere mit ihnen
oder biete ihnen einen Tagesausflug im Auto an.
Nimm ihre Erinnerungen auf Band auf,
wenn sie dir erzählen wie es war,
als sie jung waren – und teile die Geburtstage
mit hundertjährigen „Superstars ".

Ja, vergeude keinen Moment:
Bereichere Ihr Leben mit Geselligkeit
und mit neuen Freunden –
Bleibe aktiv, wenn du kannst.
Ernähre dich gut, schlafe ruhig und entspannt.

Denke daran, neue Freunde kennenzulernen.
Ja, wirkliche Freunde, die, wenn du sie fragst,
nie zu viel von dir verlangen
oder dich aus den Augen verlieren.

Bullet Train to Tokyo and back
(Inside the Bipolar Mind)

My mind it kept on dancing:
A boxer in a ring
A chauffeur to a businessman
A jester for a king –
My next move was white pawn in chess
I was a football player in goal:
The prison walls grew higher and higher,
I'd dug myself a hole.
Between the hermit and the holyman
I had to make my choice
In solitary confinement
Or a church with strength and voice –
On a beach or in a dungeon
Trying to dream of being free
As the bullet train to Tokyo and back
Made me happy to just be.

(Published in Liverpool Echo, January 6, 2024)

Im Hochgeschwindigkeitszug nach Tokio und zurück
(Die Bipolare Krankheit)

Mein Kopf tanzte einfach weiter,
wie ein Boxer im Ring,
wie ein Chauffeur für den Geschäftsmann,
wie ein Narr für den König.
Mein nächster Schachzug war der weiße Bauer.
Ich stellte mir vor, Fußballtorwart zu sein. -
Die Gefängnismauern wuchsen höher und höher,
und ich habe mir ein Loch gegraben.
Manchmal war ich Einsiedler, manchmal Heiliger.
Ich musste mich entscheiden zwischen
Einzelhaft oder einer Kirche mit Kraft und Stimme –
Wollte ich am Strand sein oder in einem Verlies?
Ich träumte davon, frei zu sein.
So wie der Hochgeschwindigkeitszug
nach *Tokio* und zurück.
Einfach „Ich" zu sein, würde mich glücklich machen.

Pictures on a Portakabin

Yellow:
Blue.
Red.
Messages lost in my head.
With a green submarine
And an aqueous dream
Will I learn how to face things I dread?

A baby reliant on parents,
Who care with devotion and love;
Unexpected quiet nights
Are a blessed delight
Us being selfish are never enough.

So –
Orange.
Brown.
White.
Boxing and facing each fight.
With each passing day
We all find our own way
As we come out of darkness
To light.

(Published in Liverpool Echo, August 26, 2021)

Graffiti auf einem Mietcontainer

Gelb:
Blau.
Rot.
In meinem Kopf verlorene Botschaften.
Mit einem grünen U-Boot.
Und einem wässrigen Traum.
Werde ich lernen, mich den Dingen zu stellen, die ich
fürchte?

Ein Baby ist abhängig von seinen Eltern,
die sich mit Hingabe und Liebe kümmern.
Unerwartet ruhige Nächte.
Sie tuen so gut!
Kindererziehung lässt uns keine Zeit, egoistisch zu sein.
.
Daher –
Orange.
Braun.
Weiß.
Sich durchboxen und sich jedem Kampf stellen.
Mit jedem neuen Tag
finden wir alle unseren eigenen Weg,
wenn wir aus der Dunkelheit
ins Licht kommen.

The Dreams of a Never Never Man

When my head hits the pillow
And I fall fast asleep
A light switches on in my head.
It's all battery powered
I feel sprinkles and showers
And it's just as my teacher once said.
She said when you dream
It's your brain sifting out
All the bad so that only good's left.
It's a message of love
From an angel above
On a journey you haven't reached yet.
As the moon lights the sky
Only pure things apply:
There are castles and chariots abounding,
The good conquers the bad
One no longer feels sad
All the people in heaven applauding.
So, as you walk through dreamland
With a torch in your hand
Remember you've nothing to fear
Whatever your creed
Just remember God speed
As the outcome will always be clear.

(written 2021)

Ein Mann, gefangen in seiner Traumwelt

Wenn mein Kopf auf dem Kissen ruht
und ich sofort einschlafe,
geht ein Licht an in meinem Kopf.
Alles ist batteriebetrieben,
ich fühle Berieselung und Gefühlsschauer,
und es ist genau wie meine Lehrerin einmal gesagt hat.
Sie sagte: Wenn du träumst,
„reinigt" sich dein Gehirn;
alles Schlechte weicht, und nur das Gute bleibt!
Es ist eine Liebesbotschaft -
von einem Engel im Himmel.
Auf einer Reise, deren Ziel du noch nicht erreicht hast.
So, wie der Mond den Himmel bescheint,
zählen nur die wahren Dinge:
Es gibt reichlich (Luft)Schlösser und Streitwagen,
das Gute siegt über das Schlechte,
und dann fühlst du dich nicht mehr traurig.
Alle Menschen im Himmel applaudieren,
wenn du durch das Traumland gehst;
mit einer Fackel in der Hand!
Denke daran, dass du nichts zu befürchten hast
egal, an was du glaubst.
Gott ist immer bei dir,
und das Resultat wird immer richtig sein!

REALITY OF TODAY

Forgotten People, Forgotten Time

I had a birthday with presents and cake
But the man in the shop porch had none.
I had a crowd for a laugh and a joke
But that poor man had barely a crumb.
I don't know what caused him to fall on bad times
As I drove my Mercedes to work:
My wife is a teacher, I work in a bank
Now manager worked up from clerk.
Every month I've a paycheck with bonuses too
Never dreaming I'd end up alone
With four lovely children, two boys and two girls,
A detached house in the posh side of town
But then the pandemic, yes, Covid-19
For the first time a cut in my pay
And then I was furloughed, I didn' expect
There'd be such a big gap in my day.
It really got bad then, wife and children at home:

REALITÄT HEUTE

Vergessene Menschen, vergessene Zeiten

Ich hatte Geburtstag, mit Geschenken und Kuchen;
aber der Mann vor der Ladenveranda hatte nichts.
Ich hatte eine Menge zu lachen,
aber der arme Mann hatte kaum etwas zu „beißen".
Ich weiß nicht, warum er so" runtergekommen" war.
Jeden Tag fuhr ich mit meinem Mercedes zur Arbeit.
Meine Frau ist Lehrerin, und ich arbeite in einer Bank.
Ich habe mich vom Sachbearbeiter zum Manager
hochgearbeitet.
Jeden Monat der Gehaltsscheck mit Bonuszahlung.
Ich konnte mir nie vorstellen, mal einsam zu sein;
mit vier wunderbaren Kindern, zwei Jungen und zwei
Mädchen.
Ich habe ein Einfamilienhaus in der noblen Gegend der
Stadt.
Aber dann kam die Pandemie: *Covid 19*.
Zum ersten Mal eine Kürzung meines Gehalts,
und dann die unerwartete Entlassung.
Danach waren meine Tage so leer.
Es wurde immer schlimmer zu Hause mit meiner Frau
und den Kindern.

There were rows, disagreements and fights
There were still bills to pay, money no longer there
Wondering if we would ever be right.
There were red letter bills and there were
summons to court
And the bank they took back my posh car
I would try to look happy but inside so sad
It was really a terrible year.
For the first time I prayed, I cried out in despair
A once rich man now cut to the bone
I was selfish and proud and I shouted out loud
God, what about me and my home!
Then I thought of the times I'd completely ignored
The forgotten ones left in the street
So I volunteer now and it's now I say wow
As my life is so full and complete.
No longer a mansion, no longer top job
But a reason to stand on my feet.
We can all get complacent and think well it's bad
But hard timest they won't fall on me
But just live for today and forever what may
Help a stranger, be the best you can be.

(Published in Liverpool Echo, August 23, 2021)

Es gab Streit, Meinungsverschiedenheiten, Kämpfe
Rechnungen waren zu bezahlen,
ohne, dass nun genügend Geld da war.
Ich fragte mich, ob wir das hinkriegen würden.
Es kamen Mahnungen und Vorladungen vor Gericht.
Die Bank nahm mein schickes Auto zurück.
Ich versuchte zu lächeln, aber im Inneren war ich traurig.
Es war wirklich ein schreckliches Jahr.
Ich betete zum ersten Mal und schrie vor Verzweiflung.
Einst war ich ein reicher Mann, nun bin ich „blank".
Ich war egoistisch, stolz und ich schrie laut:
Gott, was wird nun aus mir und meinem Haus!
Ich dachte an Zeiten, die ich ignoriert hatte,
ich dachte an die Vergessenen auf der Straße.
Heute bin ich Ehrenamtler und sage „Wow!",
mein Leben ist nun erfüllt und sinnvoll.
Keine Villa mehr und kein Spitzenjob.
Dafür ein Grund, mich im Spiegel anzusehen.
Wir können meckern und glauben, dass alles schlecht ist,
aber harte Zeiten werden mich nicht kleinkriegen!
Lebe im Heute, was immer auch kommen mag.
Hilf deinem Nächsten und gib dein Bestes.

MISCELLANEOUS

Blessed by Superficial Ideology

I am neither nobleman nor one of royal blood
Yet have a fondness for the world
of those misunterstood:
Not miscreant or borrower,
I handle my own debt but sadly,
often swift to judge,
Compassion I forget;
A bachelor without a care,
I am an OK Jack
As long as cupboards remain full
I don't need to watch my back
Neither mansion nor an ivory tower
But a flat which suits my needs
Protected by security lights
whose property they feed
And neighbours just a call away
but still I take my time
No dreamcoat for a Joseph boy
but yet I can feel fine
With knowledge that if I need
help, no fear of reprimand:
I am just your Joe Bloggs regular
man whom most folks understand

(Published in Liverpool Echo, July 27, 2021)

Gesegnet mit Oberflächlichkeit

Ich bin weder ein Adliger noch von königlichem Blut.
Ich habe aber dennoch ein Faible
für diejenigen, die missverstanden werden.
Ich bin kein Bösewicht oder mache Schulden und
kümmere mich um meine Angelegenheiten.
Leider urteile ich oft zu schnell
und vergesse häufig, Mitgefühl zu zeigen! -
Ich bin ein sorgenfreier Junggeselle,
einfach ein „braver Mann".
Solange mein Kühlschrank voll ist,
brauche ich mir keine Gedanken zu machen;
weder über eine Villa noch über einen "Elfenbeinturm".
Ich habe eine Wohnung,
die meinen Bedürfnissen entspricht
und durch einen Wachschutz gesichert ist.
Nachbarn sind ganz in der Nähe. -
Ich nehme mir Zeit für mich.
Kein *Dreamcoat** für einen *Joseph boy**
ich versuche, mich einfach gut zu fühlen
mit dem Wissen, dass ich, wenn ich Hilfe brauche,
keine Angst vor jedweder „Unbill" haben muss.
Ich bin ein ganz normaler *Joe Bloggs***,
den die meisten Leute verstehen.

*Aus dem Musical „Joseph and the Amazing Technicolor
Dreamcoat" (Andrew Lloyd Webber)
**Name für den durchschnittlichen Mann auf der Straße

Writing is my Passion

Writing is my passion,
I do it with a zest,
To make my reader feel at ease
I do my level best.
I am by no means perfect,
I am learning all the time,
I like to give variety
To both my prose and rhyme.

Even as I write this down
I feel I'm not quite there,
I often don't feel comfortable
With what I choose to share
But if you look quite closely,
Examining each phrase,
You'll find true meaning in my work
And joy along the way.

(Published in Weekly News, January 14, 2021)

Schreiben ist meine Leidenschaft

Schreiben ist meine Leidenschaft,
und ich schreibe mit Begeisterung!
Ich gebe mein Bestes,
damit ich meine Leser "inspirieren" kann.
Ich bin bei weitem nicht perfekt,
und ich lerne ständig dazu.
Ich mag es, Abwechslung
in meine Prosa und Reime zu bringen.

Selbst beim Niederschreiben dieser Zeilen
beschleicht mich ein merkwürdiges Gefühl.
Ich fühle mich oft „unwohl" bei dem
was ich auswähle, um es zu teilen.
Aber wenn Sie genau hinschauen
und jeden Satz genau studieren,
werden Sie den Sinn in meiner Arbeit entdecken
und Freude (an meinen Gedichten) haben.

Afterword by the Editor

I got to know William Scriven in the Summer of 1981 in Widnes, near Liverpool, where he went to Saint Joseph's High School. He was 14 years of age and a very pleasant and polite, keen scholar.

I was an Assistant teacher for German there and William was by far the best pupil in all classes I taught. He was and still is, very interested in German. -

Soon, he invited me to his home where Dorothy and Edmond Scriven, his parents, held a German evening every Tuesday.

My friendship with William and the Scriven`s family remains until today and I am very grateful for that.

With his interest in languages it was only to follow on that he would begin poetry writing. William suffers with Bipolar disorder but this inspires him all the more to fight through the barrier and write wonderful poems.

William and I believe that you will find it interesting to read his poems in English parallel with German. We also hope that it may one day inspire you to write yourself too.

Happy reading!

Alfons Hansch, Spring 2024

Nachwort des Herausgebers

Ich habe William Scriven im Sommer 1981 in Widnes, nahe Liverpool, kennengelernt, wo er zur Sankt Joseph`s Highschool ging. Er war 14 Jahre alt und ein sehr angenehmer, höflicher und ehrgeiziger Schüler.

Ich war als „Assistant Teacher" für Deutsch angestellt, und William war mit Abstand der beste Schüler aus allen Klassen, die ich unterrichtete.

Er war und ist noch immer interessiert an der deutschen Sprache. -

Schon bald lud er mich damals nach Hause ein, wo Dorothy und Edmond Scriven, seine Eltern, jeden Dienstag einen „Deutschabend" veranstalteten.

Meine Freundschaft mit William und seiner Familie besteht bis heute, und ich bin sehr dankbar dafür.

Durch sein Interesse an Sprachen war es nur folgerichtig, dass er anfing, Gedichte zu schreiben. William leidet an einer bipolaren Störung, aber das inspiriert ihn umso mehr, eine unsichtbare Barriere zu durchbrechen und wunderschöne Gedichte zu schreiben.

William und ich glauben, dass Sie, liebe Leser, es interessant finden werden, seine Gedichte in Englisch und Deutsch im Paralleldruck zu lesen. Vielleicht kann es Sie eines Tages inspirieren, selber (Gedichte) zu schreiben.

Viel Spaß beim Lesen!

Alfons Hansch, im Frühling 2024

Photo credits/ Bildnachweise

Cover photo (edited) Title: „Moni and Teddy" by Alfons Hansch
Cover Foto (bearbeitet) Titel: „Moni und Teddy" von Alfons Hansch

The photo on page 11 is by Julia and Alexander Seipel
Das Foto auf Seite 11 ist von Julia und Alexander Seipel

All other photos (p. 34, p. 40, p. 88, p. 104, p. 118, p. 152) are by Alfons Hansch
Alle anderen Fotos (S. 34, S. 40, S. 88, S. 104, S.118, S. 152) sind von Alfons Hansch

Acknowledgements/Danksagungen

Many Thanks to Julia and Alexander Seipel for providing the photo on page 11
Vielen Dank an Julia und Alexander Seipel, die das Foto auf Seite 11 zur Verfügung gestellt haben

Thank you Moritz Hansch for the technical support
Vielen Dank an Moritz Hansch für die technische Umsetzung dieses Buches

My name is Alfons Hansch and I am the editor of
RUB ON ME.
I was born in 1957 in Himmelsthür/ Hildesheim.
In 1981/82 I stayed in Liverpool for a year as an
Assistant Teacher.
I have been fascinated by William´s poems for a long
time and he motivated me to write Englisch and
German poems myself.

Ich heiße Alfons Hansch und ich bin der Herausgeber von
RUB ON ME.
Ich wurde 1957 in Himmelsthür/Hildesheim geboren.
1981/82 war ich in Liverpool ein Jahr als „Assistant
Teacher" angestellt.
Ich bin seit langer Zeit fasziniert von Williams Gedichten,
und er hat mich motiviert, selber Englische und Deutsche
Gedichte zu schreiben.

Sunrise over a Meadow in the Morning Mist
Sonnenaufgang über einer Wiese im Morgennebel

Last but not least...

Translating means walking a fine line in a familiar and a not-so-familiar world at the same time.
(Author and Editor)

Zu guter Letzt...

Übersetzen heißt, gleichzeitig in einer vertrauten und in einer nicht so vertrauten Welt auf einem schmalen Grat zu wandeln.
(Autor und Herausgeber)